AF256389